Sasun ja Sannin keväiset luontoretket

Kalevi Säkkinen

Tervetuloa keväiselle retkelle Sasun ja Sannin kanssa!

Kevät on täynnä taikaa - lumet sulavat, purot pulppuavat ja luonto herää talven jälkeen uuteen eloon! Sasu ja Sanni rakastavat seikkailuja ja ovat valmiita tutkimaan kevään ihmeitä. He seuraavat, miten ensimmäiset vihreät lehdet ilmestyvät puihin, kuuntelevat lintujen iloisia kevätlauluja ja juoksevat lätäköissä värikkäillä kumisaappaillaan.

Tule mukaan heidän kanssaan löytöretkelle! Kurkistetaan yhdessä muurahaisten kiireiseen kekoon, lasketaan sorsanpoikasia lammella ja ihmetellään, kuinka pieni sammakonkutu muuttuu hyppiviksi sammakoiksi. Joka päivä kevät tuo jotain uutta - ja Sasun ja Sannin kanssa saat olla mukana kokemassa kaiken hauskan!

Laita mielikuvitus liikkeelle, vedä saappaat jalkaan ja hypätään kevään seikkailuihin yhdessä! 🌼🚀

Pyydä äitiä tai isää mukaan kaveriksi, tai mummua tai pappaa, tai kummitätiä tai kummisetää, tai kerhotätiä, tai ketä vaan!

© Kalevi Säkkinen 2025
Kansi ja kuvituskuvat: tekoälytyökalulla (Dall-E, OpenAl)
Valokuvat: Kalevi Säkkinen
Taitto: Kalevi Säkkinen
ISBN: 978-952-80-9608-5
Kustantaja: BoD · Books on Demand, Mannerheimintie 12 B, 00100 Helsinki, bod@bod.fi
Kirjapaino: Libri Plureos GmbH, Friedensallee 273, 22763 Hampuri, Saksa

Sasu ja Sanni

Tässä on **SASU**, pieni poika, joka rakastaa luonnon tutkimista. Hän huomaa aina pienimmätkin ihmeet – perhosen siipien värit, kukkien tuoksut ja pienten ötököiden touhut. Sasun maailma on täynnä iloa ja uteliaisuutta!

Sasu löysi lammen reunalta sammakon! Miksi sammakko asuu vedessä? Sasu jää miettimään luonnon salaisuuksia.

Tässä on **SANNI**, Sasun pieni ja iloinen sisko. Sanni rakastaa leikkejä, joissa hän hoivaa nukkejaan ja järjestää pieniä teekutsuja.

Usein hän lähtee Sasun mukaan retkelle ja seuraa tarkasti, miten linnut, kukat tai pienet ötökät jaksavat.

KEVÄT

Sasu ja Sanni pysähtyivät kuuntelemaan TALITINTIN iloista laulua: Titityy, titityy!

'Se laulaa kevään tulosta!' Sanni hihkaisi innostuneena.

Tiedätkö, miksi talitintti laulaa keväällä?

Talitintti laulaa keväällä, koska se **ilmoittaa reviiristään** ja houkuttelee itselleen puolisoa. ♡ 🎶

Kevään tullessa päivät pitenevät ja lämpenevät, mikä herättää linnut laulamaan. Talitintin laulu on tapa kertoa muille linnuille:
✓ **"Tämä on minun alueeni!"** – Se varoittaa muita koirastalitinttejä pysymään poissa.
✓ **"Etsin kumppania!"** – Laulullaan se yrittää houkutella naarasta pesimään kanssaan.

Laulu siis auttaa talitinttiä löytämään parin ja varmistamaan, että sillä on hyvä paikka pesän rakentamiseen ja poikasten kasvattamiseen. 🐣 🍃

Oletko itse kuullut talitintin laulavan keväällä? 😊

Osaatko matkia talitiaisen eli talitintin laulua?

Tunnetko laulun 'Talitintti maaliskuussa'?

PAJUNKISSAT loistivat keväisessä valossa, ja Sanni sitoi niistä kauniin kimpun. 'Ne näyttävät ihan pupun korvilta!' Sasu naurahti.

Sanni keräsi pajunkissoja koristeeksi. Sasu mietti, miksi pajunkissat näyttävät niin pehmeiltä.

Pelloilla ja metsänreunoilla RUSAKOT kirmaavat kevään innosta.

Miksi pajunkissat ovat niin pehmeitä?

Vastaus: Pajunkissat ovat pajun silmuja, jotka ovat suojautuneet kylmältä pehmeän, karvaisen nukan avulla. Se toimii kuin lämmin talvitakki!

Miksi pajunkissoja kerätään pääsiäisen aikaan?

Vastaus: Pajunkissat symboloivat kevään tuloa ja uutta elämää. Monissa maissa niistä tehdään pääsiäiskoristeita, ja Suomessa niitä käytetään virpomisoksina palmusunnuntaina.

Mikä eläin tulee sinulle mieleen pajunkissoista?

Vastaus: Monet ajattelevat, että ne muistuttavat **pupun korvia, kissan tassuja tai lampaan villaa** – siksi niitä kutsutaan pajunkissoiksi!

Mistä pajunkissat kasvavat?

Vastaus: Pajunkissat kasvavat **pajupuihin** ja ilmestyvät keväällä, kun silmut alkavat avautua. Myöhemmin niistä kehittyvät lehdet ja kukat.

Oletko joskus koskenut pajunkissaa? Miltä se tuntui?

Vastaus: (Lapsi voi vastata itse, mutta yleensä: "Se tuntui pehmeältä ja pörröiseltä!")

Tällaiset kysymykset innostavat lasta pohtimaan ja yhdistämään luonnon ilmiöitä omiin kokemuksiinsa! 😊 🌿

◇ **Mikä tekee kevätlumesta hyvää lumiukon rakentamiseen?**
– Keväällä aurinko lämmittää hangen pintaa, ja lumi muuttuu kosteammaksi ja helposti muovailtavaksi.

◇ **Oletko joskus tehnyt lumiukon? Miltä lumi tuntui käsissäsi?**
– Lumi voi tuntua kylmältä ja märältä, ja joskus sormet kastuvat, jos ei ole hanskoja!

◇ **Millaisen lumiukon haluaisit tehdä? Iso vai pieni? Montako palloa siinä olisi?**
– Voidaan pohtia erilaisia lumiukon muotoja ja kokoja.

Hienoin hattu lumiukolle

◇ **Minkä hatun sinä valitsisit lumiukolle?**
– Voidaan miettiä erilaisia vaihtoehtoja: vanha hattu, ämpäri, villapipo, lehti, kivi, tai vaikka käpyjä!

◇ **Miksi lumiukolla on usein hattu?**
– Se tekee lumiukosta hauskemman ja eläväisemmän. Perinteisesti lumiukoille laitetaan myös silmät ja suu kivistä, nenäksi porkkana ja kaulaan huivi.

◇ **Voisiko lumiukolla olla jotain muuta hauskaa päässä hatun sijaan?**
– Ehkäpä **kukkaruukku, oksista tehty kruunu tai vaikka variksenpesä**?

Kevätaurinko sulatti hangen pinnan pehmeäksi,
täydelliseksi LUMIUKON rakentamiseen. 'Katsotaan,
kumpi löytää hienomman hatun!' Sasu ehdotti nauraen.

Tämä LUMIAKKA
vartioi lammen rannalla
pääsiäisen aikaan.

9

Lapset juoksivat kovalla HANGELLA, joka kantoi hyvin. 'Katso, ei upota yhtään!' Sanni nauroi. Sasu liukui mäkeä alas ja huudahti: 'Tämä on kuin luistinrata lumella!'

Lumi muodostuu jääkiteistä. Vesi jäätyy pakkasessa. Jää ja lumi on kylmää.

"Katot sulavat"
"Räystäät tippuvat"
"Ojat juoksevat"

"Nämä ovat kevään merkkejä", toteavat Sasu ja Sanni ihmeissään.

JÄÄ sulaa ja muuttuu vesipisaroiksi räystäällä, kun aurinko lämmittää. Pisarat tippuvat maahan.

Tässä muutamia kysymyksiä, joilla voit innostaa lapsia pohtimaan ja keskustelemaan kuvan ja tekstin pohjalta:

1. **Miksi hanki on niin kova, ettei siihen uppoa?**
2. **Oletko itse joskus kävellyt kovalla hangella? Miltä se tuntui?**
3. **Miksi kevättalvella hanki on usein aamulla kova, mutta pehmenee päivän aikana?**
4. **Miten hanki voisi muuttua liukkaaksi kuin luistinrata?**
5. **Miten voisi laskea mäkeä ilman pulkkaa tai suksia?**
6. **Millaisia leikkejä voisi leikkiä kovalla hangella?**
7. **Mitä muita kevään merkkejä voisi nähdä tällaisena päivänä?**

Kysymykset auttavat lasta havainnoimaan luontoa ja yhdistämään omia kokemuksiaan tarinaan! ☺

☼ Kevätauringon vaikutus

◇ **Mitä kevätaurinko tekee lumelle?**
– Se alkaa sulattaa sitä, ja vedestä muodostuu puroja ja lätäköitä.

◇ **Miksi lumi sulaa keväällä, mutta ei keskitalvella?**
– Koska aurinko paistaa korkeammalta ja lämmittää enemmän.

◇ **Minne lumi katoaa, kun se sulaa?**
– Se muuttuu vedeksi, joka virtaa puroihin ja lopulta järviin ja jokiin.

Luonnonilmiön ihmettely

- **Miksi jäät liikkuvat joessa keväällä?**
  – Koska kevätaurinko lämmittää ilman ja veden, jolloin jäät alkavat sulaa ja virtaava vesi kuljettaa niitä eteenpäin.
- **Miltä jäiden lähtö kuulostaa?**
  – Se voi ryskyä, paukkua ja jopa jylähtää isosti, kun isot jäälohkareet törmäävät toisiinsa ja rantapuihin.
- **Oletko koskaan kuullut jäiden pauketta? Millainen ääni se oli?**

Kevään merkkejä

- **Mitä muita kevään merkkejä näkyy kuvassa?**
  – Aurinko paistaa, vesi virtaa, lunta ja jäätä on vielä jonkin verran, mutta ne sulavat.
- **Miten joen eläimet pärjäävät, kun jäät lähtevät?**
  – Vesieläimet heräilevät talvihorroksesta, ja linnut palaavat etsimään pesäpaikkoja.

Jään voima ja turvallisuus

- **Miksi jäälle ei kannata mennä keväällä?**
  – Koska se on haurasta ja voi murtua helposti.
- **Mitä voisi tapahtua, jos iso jäälohkare osuisi veneeseen tai laituriin?**
  – Se voisi rikkoa niitä, sillä jäät ovat painavia ja liikkuvat kovalla voimalla.

Sasu ja Sanni seisovat joen rannalla katsellen, kuinka jäät ryskyvät
rantapuihin. 'Kuule, miten ne paukkuvat!' Sanni huudahtaa. Sasu
nyökkää: 'Kevät vie talven mennessään!

Keskustelunaloituksia

◇ **Miksi kuovit seisovat sulan veden reunalla?**
– Ne etsivät ruokaa ja odottavat, että jäät sulavat kokonaan.

◇ **Mistä tietää, että kevät on tullut?**
– Jäät alkavat sulaa, muuttolinnut palaavat, ja aurinko lämmittää enemmän.

◇ **Miksi jotkut linnut palaavat keväällä pitkän matkan päästä?**
– Talvella Suomessa on kylmää ja ruokaa on vähän, mutta keväällä täällä on taas hyvät olosuhteet pesimiseen.

◇ **Oletko kuullut kuovin ääntä? Miten se kuulostaa?**
– Kuovilla on kaunis, huilumainen kutsuääni, joka kuuluu keväisin.

◇ **Mitä muita lintuja voi nähdä keväällä järven rannalla?**
– Esimerkiksi joutsenia, sorsia, lokkeja ja tiiroja.

Leikki- tai toimintaideoita

☐ **Linnun matka** – Kuvitellaan, että ollaan muuttolintuja, jotka lentävät kaukaa takaisin Suomeen. Miten pitkä matka olisi? Miten linnut löytävät perille?

🦅 **Kevätvesien tutkimus** – Jos mahdollista, käydään ulkona katsomassa, miten jäät sulavat ja miten vesi liikkuu.

🔍 **Lintubongaus** – Katsellaan, löytyykö järven rannalta muita kevätmuuttajia ja yritetään tunnistaa ne.

Keskustelun kautta lapsi oppii tarkkailemaan luontoa ja ymmärtämään vuodenaikojen vaihtelua hauskalla ja innostavalla tavalla! ☺

*'Katso, Sanni, miten ne seisovat sulan reunalla!' Sasu ihmetteli,
kun he seisoivat joen rannalla katsellen KUOVIEN pitkäsäärisiä
hahmoja jäällä. 'Kevät on täällä!' Sanni hymyili.*

*Kuovi etsi pellolta
ruokaa. Se löysi sitä
mullan alta ja kaivoi
suuhunsa pitkällä
nokallaan. Lunta oli
vielä polviin asti.*

*Lumi sulaa pälvipaikoiksi, ja paljas maa alkaa paljastua valkoisen
vaipan alta. Päivä pitenee kuin huomaamatta, ja auringon valo saa
hangen pinnan kimaltelemaan kevään lupauksessa.*

'Kun sä kuulet kuovin äänen, älä mene jäälle!'

JOUTSENET tervehtivät kevättä joella sulapaikassa. 'Kuule, Sasu, niiden laulu kuulostaa aivan ihanalta ja ne näyttävät onnellisilta!' Sanni huokaisi."

Ensimmäiset muuttolinnut ovat palanneet etelästä. JOUTSENPARISKUNNAT etsivät pesäpaikkojaan rannoilta.

Kurkien kaihoisa huuto kantautuu järvenselältä.

1. Miksi joutsenet palaavat keväällä Suomeen?

♀ **Vastaus:** Keväällä ne palaavat lämpimistä maista Suomeen pesimään, kun jäät ovat taas sulaneet ja sää lämpenee.

2. Oletko kuullut joutsenen ääntä? Miten se kuulostaa?

♀ **Vastaus:** Joutsenen laulu on kirkas ja kaunis, vähän kuin torven törähdys.

3. Miksi joutsenia kutsutaan usein rakkauden linnuiksi?

♀ **Vastaus:** Joutsenet pysyvät usein saman puolison kanssa koko elämänsä ajan.

4. Miten joutsenet löytävät perille pitkän muuttomatkan jälkeen?

♀ **Vastaus:** Ne muistavat reitit ja käyttävät apunaan maamerkkejä, kuten jokia, metsiä ja jopa tähtiä.

Toimintaideoita

🔍 **Lintubongaus:** Mennään ulos katsomaan, näkyykö joutsenia tai muita kevätmuuttajia.

🎵 **Joutsenen laulu:** Kuunnellaan netistä joutsenen ääniä ja yritetään matkia niitä.

✏️ **Piirrä joutsenet:** Lapset voivat piirtää joutsenia keväisessä maisemassa.

1. Miksi puiden lehdet kasvavat keväällä?

♀ **Vastaus:** Kun aurinko alkaa lämmittää ja päivät pitenevät, puut heräävät talviunestaan. Ne alkavat ottaa vettä juurillaan ja kasvattavat uusia lehtiä saadakseen energiaa auringonvalosta.

2. Miksi lehdet ovat vihreitä?

♀ **Vastaus:** Lehtien vihreä väri tulee aineesta nimeltä lehtivihreä, joka auttaa lehtiä muuttamaan auringonvalon ravinnoksi.

3. Mitkä muut kevään merkit voimme nähdä puissa?

♀ **Vastaus:** Puihin ilmestyy silmuja, linnut rakentavat pesiä oksille, ja joskus puiden rungolla voi nähdä muurahaisia, jotka heräävät kevääseen.

4. Mikä puu on keväällä ensimmäisenä vihreänä?

♀ **Vastaus:** Koivu on yksi ensimmäisistä puista, jotka saavat lehdet keväällä. Myös pajut ja haavat vihertyvät varhain.

Toimintaideoita

✋ **Kevätretki:** Mennään ulos etsimään ensimmäisiä vihreitä lehtiä ja tarkkaillaan, mitkä puut vihertyvät ensin.

🎨 **Piirrä kevään ensimmäiset lehdet:** Lapset voivat piirtää puita keväällä ja lisätä pieniä vihreitä silmuja ja lehtiä.

Sanni hyppii ilosta: 'Katso, Sasu! Puihin tulee jo pieniä VIHREITÄ LEHTIÄ!' Sasu kurkottaa lähemmäs ja naurahtaa: 'Nämä ovat kuin kevään pikkusormet, jotka heiluttavat meille tervehdystä!'

Metsä herää eloon hiljalleen. Puiden oksilla talvehtineet silmut turpoavat ja odottavat sopivaa hetkeä puhjeta lehtiin. Kosteista ja sulaneista metsänpohjista alkaa nousta elämän ensimmäisiä merkkejä. Pajunkissat kiiltävät hopeisina kevättuulen hyväillessä niiden pehmeitä pintoja. Kevään tuoksu on omanlaisensa. Ilmassa on mullan ja kosteuden vivahde, lupaus tulevasta vihreydestä.

'Katso, SORSIA!'
Sanni kuiskaa.

He hiipivät
varovasti
lammen
reunalle.

'Tuo on varmaan isä ja tuo äiti,' Sasu selittää, kunnes toinen sorsista lehahtaa siivilleen. 'Ehkä se meni hakemaan meille terveisiä!' he arvailevat.

Lätäkössä näkyy jotakin kiehtovaa. SAMMAKONKUTUA! 'Näistäkö tulee pieniä sammakoita?' Sanni kysyy ihmeissään. 'Ihan varmasti!' Sasu vastaa, ja molemmat jäävät katselemaan veden ihmeitä.

1. Miten erottaa sorsaisän ja sorsaäidin toisistaan?

💡 **Vastaus:** Isäsorsa eli koirassorsa on värikkäämpi, sillä sillä on vihreä kiiltävä pää ja kellertävä nokka. Äitissorsa eli naarassorsa on ruskeankirjava, mikä auttaa sitä piiloutumaan pesiessään.

2. Osaavatko sorsanpoikaset uida heti syntyessään?

💡 **Vastaus:** Kyllä! Sorsanpoikaset kuoriutuvat pesässä, mutta ne seuraavat äitiään veteen melkein heti syntymän jälkeen. Ne oppivat nopeasti etsimään ruokaa ja pysymään lähellä emoa.

🦆 **Sorsien tarkkailu:** Mennään katsomaan lammelle, löytyykö sorsia! Voidaan miettiä, mikä on isäsorsa ja mikä äitissorsa.

3. Mikä on sammakonkutu?

💡 **Vastaus:** Sammakonkutu on sammakon munia, joista kuoriutuu pieniä nuijapäitä. Se näyttää hyytelömäiseltä ja kelluu vedessä.

Keväällä sammakot etsivät sopivan lätäkön, lampareen tai ojan, johon ne laskevat munansa. Munista kuoriutuvat nuijapäät elävät ensin vedessä ennen kuin niistä kasvaa sammakoita.

4. Miltä nuijapää näyttää?

💡 **Vastaus:** Nuijapää on pieni ja musta, ja sillä on pitkä häntä, mutta ei vielä jalkoja. Se muistuttaa vähän kalanpoikasta.

Kestää muutamia viikkoja tai jopa kuukausia, että nuijapäästä kasvaa sammakko. Ensin nuijapäille kasvaa takajalat, sitten etujalat, ja lopuksi häntä häviää, jolloin siitä tulee pieni sammakko.

1. Mitä leppäkerttu syö?

💡 **Vastaus:** Se syö pieniä hyönteisiä, kuten kirvoja, jotka vahingoittavat kasveja. Siksi puutarhurit pitävät leppäkertuista!

2. Miksi kevät on luonnossa niin ihmeellistä aikaa?

💡 **Vastaus:** Keväällä kaikki alkaa herätä: linnut laulavat, kukat kasvavat ja hyönteiset lähtevät liikkeelle. Luonto valmistautuu uuteen kasvukauteen!

3. Mitä ääniä voi kuulla keväällä?

💡 **Vastaus:** Linnunlaulua, mehiläisten pörinää, purojen solinaa ja tuulen huminaa puissa.

4. Mikä on sinun lempiasiasi keväässä?

💡 **Mahdollisia vastauksia:** Aurinko lämmittää, lumet sulavat, linnut palaavat, puut alkavat vihertää.

Toimintaideoita lapsille:

🐞 **Piirretään tai askarrellaan leppäkerttu** – Voidaan käyttää punaista paperia ja mustia täpliä.

🔍 **Kevään äänien kuuntelu** – Mennään ulos kuuntelemaan, mitä kaikkea keväällä kuuluu!

Näiden kysymysten ja aktiviteettien avulla lapset pääsevät innostumaan luonnosta ja kevään ihmeistä! 🌱🐞🌸

Sanni löytää
LEPPÄKERTUN
lehdeltä ja antaa sen
kiivetä sormelleen.
'Yksi, kaksi, kolme
täplää!' Sasu laskee
innokkaasti.

Kevään saapuessa
luonto on kuin
suurta, heräävää
konserttia.
Jokainen ääni,
tuoksu ja liike
kertoo, että uusi
kasvukausi on
alkanut.

Täplien määrä vaihtelee! Tavallisella seitsenpistepirkolla on
seitsemän täplää, mutta eri lajeilla voi olla vähemmän tai
enemmän.

Kevät on täynnä elämää ja toivoa – lupaus kesästä, joka odottaa aivan nurkan takana.

KEVÄTPURO solisi iloisesti, ja Sasu ja Sanni antavat veneiden purjehtia veden mukana. 'Minun veneeni voittaa!' Sasu huudahti. Puron solina voimistuu, kun talven sulamisvedet virtaavat iloisina pitkin jokia ja ojanpohjia. Lapsille tämä on seikkailun aikaa – itse tehtyjä laivoja lasketaan virran vietäviksi, ja kuralätäköissä hyppiminen herättää vilpitöntä riemua.

Lapset katsovat, kenen vene pääsee ensimmäisenä alas kivikkoiseen puroon, jonka reunalla kasvaa RENTUKOITA.

1. Mitä tapahtuu, kun lumi sulaa ja purot alkavat virrata?

💡 **Vastaus:** Talven lumet muuttuvat vedeksi, joka valuu puroihin, jokiin ja järviin. Siksi keväällä purot solisevat voimakkaasti!

2. Oletko koskaan tehnyt pientä laivaa tai venettä ja laskenut sen veteen? Mistä sen voi tehdä?

💡 **Mahdollisia vastauksia:** Puun kaarnasta, oksasta, paperista tai vaikka lehdenpalasta.

3. Oletko nähnyt rentukoita purojen tai ojien varrella? Miltä ne näyttävät?

💡 **Vastaus:** Rentukat ovat kirkkaan keltaisia kukkia, jotka kasvavat kosteikoissa, purojen ja ojien reunoilla.

4. Mikä on hauskinta kevätpuuhissa – veneiden laskeminen, kuralätäköissä hyppiminen vai kevätkukista kimppujen tekeminen?

💡 **Mahdollisia vastauksia:** Lapsi voi kertoa oman mielipiteensä, ja keskustelussa voi pohtia, miksi juuri se on hauskaa!

Toimintaideoita:

🏭 **Veneiden rakentaminen ja laskeminen** – Voitte yhdessä askarrella pieniä veneitä ja kokeilla, miten ne kelluvat vedessä.

🌺 **Rentukoiden ja muiden kevätkukkien etsiminen** – Käydään katsomassa, mitä kevätkasveja löytyy purojen varrelta!

Linnut rakentavat pesää 🐦🌿

1. Miten linnut osaavat rakentaa pesiä ilman käsiä?

💡 **Vastaus:** Ne käyttävät nokkaansa ja jalkojaan taitavasti. Ne punovat oksia, korsia, sammalta ja höyheniä pesäksi.

3. Mitkä linnut rakentavat pesän puuhun?

💡 **Vastaus:** Esimerkiksi rastaat, peipposet ja varpuset. Jotkut, kuten tikat, tekevät pesäkoloja.

4. Miksi linnut rakentavat pesän keväällä?

💡 **Vastaus:** Keväällä on paljon ruokaa poikasille, ja lämpimät säät auttavat selviytymään.

Pienet kalat ojassa 🐟🐸

1. Miten kalat hengittävät vedessä?

💡 **Vastaus:** Kaloilla on kidukset, jotka suodattavat vedestä happea.

2. Miten voisimme tarkkailla kaloja häiritsemättä niitä?

💡 **Vastaus:** Voi pysähtyä hiljaa katsomaan, miten ne liikkuvat vedessä ilman, että heittää kiviä tai tekee äkkinäisiä liikkeitä.

❇️ **Toimintaidea:**

- Käydään tutkimassa ojia ja puroja ja katsotaan, näkyykö siellä kaloja!
- Voidaan tehdä "kalakisa" piirtämällä paperille erilaisia kaloja ja keksimällä niille nimiä ja taitoja.

Lintupari on rakentamassa PESÄÄ puuhun. Sanni pitelee oksaa auttaakseen lintuja. Miten linnut osaavat rakentaa kodin oksista ja heinistä? Sanni mietti. 'Ehkä niillä on lintukoulu!' Sasu keksi.

Sanni huomaa liikettä ojassa. 'Tuolla on pieniä KALOJA! Ne ovat niin vikkeliä!

Sasu kurkistaa puroon ja näkee kaloja vipeltämässä. 'Näyttävätkö ne kilpailevan?' hän kysyy Sannilta, joka hymyilee vieressä.

Tip-tip-tip! Sasu ja Sanni seisovat SATEELLA lätäkössä värikkäät kumisaappaat jaloissaan ja katselevat, kuinka sadepisarat kastelevat kukat.

Sateen tauottua Sanni huomaa maassa jotakin kiemurtelevaa. 'KASTEMATO!' hän hihkaisee. Sasu kumartuu lähemmäs: 'Hei, pieni kaveri, minne olet menossa?' he nauravat ja antavat madon jatkaa matkaansa.

Sade ja lätäköt 🍄🐚

1. Mistä sadepisarat tulevat?
💡 **Vastaus:** Pilvistä! Kun ilmassa oleva kosteus tiivistyy pisaroiksi ja pilvet muuttuvat liian raskaiksi, sade alkaa.

2. Miksi sade saa kukat loistamaan kirkkaammin?
💡 **Vastaus:** Vesi virkistää kasveja ja auttaa niitä kasvamaan, minkä vuoksi ne näyttävät sateen jälkeen niin elinvoimaisilta.

3. Mitä kivaa voi tehdä sateella?
💡 **Vastaus:**

- Hypätä lätäköihin!
- Kuunnella sateen ääntä.
- Katsella, miten vesi virtaa katuojaan tai puroon.

Kastemadot sateen jälkeen 🪱☁️

1. Miksi kastemadot tulevat esiin sateen jälkeen?
💡 **Vastaus:** Maa on sateen jälkeen kostea, ja madot voivat liikkua helpommin. Ne myös välttelevät hukkumista liian märässä maassa.

2. Mitä hyötyä kastemadoista on maaperälle?
💡 **Vastaus:** Ne kuohkeuttavat maata ja parantavat sen ravinteikkuutta, mikä auttaa kasveja kasvamaan.

3. Miksi madot menevät takaisin maan alle?
💡 **Vastaus:** Ne viihtyvät kosteassa ja pimeässä, koska kuivassa ne voivat kuivua ja kuolla. 🌱🍄🐛

Muurahaiskeko ja ahkerat muurahaiset

1. Mitä muurahaiset tekevät pesässään?
💡 **Vastaus:**

- Rakentavat käytäviä ja huoneita.
- Keräävät ruokaa.
- Hoitavat munia ja toukkia.
- Suojelevat pesää tunkeilijoilta.

2. Oletko koskaan seurannut muurahaisten kulkureittiä? Mihin ne menevät?
💡 **Vastaus:** Ne seuraavat hajujälkiä, jotka ne jättävät toisilleen löytääkseen takaisin pesään tai ruoan luo.

3. Miten muurahaiset osaavat työskennellä yhdessä?
💡 **Vastaus:** Ne "keskustelevat" hajumerkkien ja tuntosarvien avulla, ja jokaisella muurahaisella on oma tehtävänsä.

Västäräkki ja kevään merkkejä 🐦 ❄️

1. Miksi västäräkki nauttii auringonpaisteesta?
💡 **Vastaus:** Aurinko lämmittää sitä, ja se saa energiaa lentämiseen ja hyönteisten metsästykseen.

2. Miksi sanotaan, että "västäräkistä vähäsen"?
💡 **Vastaus:** Tämä sanonta tarkoittaa, että kun ensimmäinen västäräkki nähdään keväällä, kesä on jo lähellä.

3. Mistä västäräkit tulevat keväällä?
💡 **Vastaus:** Ne muuttavat takaisin Suomeen lämpimistä maista, kuten Afrikasta, jossa ne ovat viettäneet talven.

Kevätaurinko lämmittää MUURAHAISKEKOA, joka vilisee elämää. 'Ne ovat niin ahkeria!' Sanni ihastelee. 'Kuin pienen pieniä rakentajia!' Sasu lisää ja seuraa muurahaisten kiireisiä askareita.

Aurinko paistaa VÄSTÄRÄKIN edestä. Se on jo niin korkealla, että se lämmittää selkääkin. Kesään on aikaa enää vähäsen.

Nyt on aika auttaa äitiä istuttamaan TAIMIA keväisessä puutarhassa! 'Mitä näistä tulee?', Sanni kysyy. 'Kesällä sitten nähdään, kun ne kasvavat', äiti vastaa.

Sanni löytää pienen METSÄMANSIKAN lehden ja haaveilee kesän marjoista. 'Ajattele, kuinka herkullisia ne ovat sitten!' hän sanoo.

Taimien istuttaminen – Mitä niistä kasvaa? 🌿🌸

1. Miksi kasvit täytyy istuttaa keväällä?

💡 **Vastaus:** Keväällä maa on taas sula ja kasvit saavat paljon valoa kasvaakseen vahvoiksi ennen kesää.

2. Mitä kasveja voisi istuttaa keväällä?
💡 **Vastaus:**

- Kukat (esim. auringonkukat, orvokit)
- Vihannekset (esim. porkkanat, perunat, tomaatit)
- Yrtit (esim. basilika, persilja, tilli)

3. Mitä kasvit tarvitsevat kasvaakseen?
💡 **Vastaus:**

- Multaa ja hyvän paikan juurtua.
- Aurinkoa, jotta ne saavat energiaa.
- Vettä, jotta ne pysyvät elossa.

5. Mikä kasvi sinusta olisi hauska kasvattaa? Miksi?

4. Mitä marjoja voi löytää luonnosta?
💡 **Vastaus:** Mustikoita, vadelmia, puolukoita, lakkoja ja karpaloita.

5. Miksi marjoja kannattaa syödä?
💡 **Vastaus:** Ne ovat terveellisiä ja täynnä vitamiineja, jotka auttavat meitä pysymään virkeinä. 🌱🫐🌼

Pihan laidasta löytyi kuitenkin vielä yksi PIENI KINOS. Sasu oli keksinyt, että siitä voisi rakentaa jotain erityistä.

"TEHDÄÄN JÄÄTELÖKIOSKI!" Sasu huudahti innoissaan, ja Sanni oli heti mukana ideassa. He alkoivat muovata kinoksesta pieniä "jäätelöpalloja", joita he asettelivat vaahteran lehdistä käärittyihin tötteröihin.

"Tässä on suklaapallo," Sanni sanoi, kun hän laittoi ruskeita kävyn suomuja koristeeksi jäätelöpallon päälle. Pian kinoksen vieressä oli rivi mitä mielikuvituksellisimpia annoksia.

Kun kioski oli valmis, Sasu päätti olla myyjä, ja Sanni esitti asiakasta. Hän asteli tärkeänä kioskin eteen. "Hyvää päivää, haluaisin yhden mansikkajäätelön ja pähkinäkastiketta, kiitos!" hän sanoi.

Sasu nosti yhden lumipallon lehtitötteröön ja koristeli sen kävyn suomuilla. "Se maksaa kaksi kiveä," hän ilmoitti. Sanni juoksi pihan reunaan ja poimi maasta pieniä kiviä, joita hän ojensi myyjälle.

*Kesken kaiken heidän kioskinsa luokse ilmestyi
yllätysvieras – naapurin kissa Viiru. Se nuuhki
lumijäätelöä kiinnostuneena, mutta perääntyi nopeasti,
kun Sanni yritti ojentaa sille "suklaapallon". "Ehkä Viiru
haluaa vaniljaa," Sanni pohti, mutta kissa siirtyi
mieluummin aurinkoiseen kohtaan lepäilemään.*

Kiitos, kun luit ja katselit

tai

katselit ja kuuntelit!